# LAS MISIONES DE CALIFORNIA

# La Misión de San José

## MADELINE STEVENS

## TRADUCIDO POR CHRISTINA GREEN

Cavendish Square
New York

Published in 2016 by Cavendish Square Publishing, LLC
243 5th Avenue, Suite 136, New York, NY 10016

CPSIA Compliance Information: Batch #WS14CSQ

All websites were available and accurate when this book was sent to press.

Library of Congress Cataloging-in-Publication Data

Stevens, Madeline.
La Misión de San José / Madeline Stevens, translated by Christina Green.
pages cm. — (Las misiones de California)
Includes index.
ISBN 978-1-5026-1177-2 (hardcover) ISBN 978-1-5026-1187-1 (paperback) ISBN 978-1-5026-1174-1 (ebook)
1. Mission San Jose (Alameda County, Calif.)—History—Juvenile literature. 2. Ohlone Indians—Missions—California—Alameda County—History—Juvenile literature. 3. California—History—To 1846—Juvenile literature. I. Title.

F869.M66S74 2014
979.4'65—dc23

Editorial Director, Spanish: Nathalie Beullens-Maoui
Translator: Christina Green
Editor, Spanish: Ana María García
Art Director: Jeffrey Talbot
Designer: Douglas Brooks
Photo Researcher: J8 Media
Production Manager: Jennifer Ryder-Talbot
Production Editor: David McNamara

The photographs in this book are used by permission and through the courtesy of: Cover photo by Mariusz S. Jurgielewicz/Shutterstock.com; Psychofish/File:MissionSanJoseCA.LYH.jpg/Wikimedia Commons, 1; Nancy Nehring/iStock/Thinkstock, 4; Danita Delimont/Gallo Images/ Getty Images, 7; Ann Thiermann/Dancing at Quiroste/Ann Thiermann, 8; Schmiebel/File:Ohlone Mortar and Pestle at Jasper Ridge 2011.jpg/ Wikimedia Commons, 9; Courtesy CMRC, 11; © 2014 Pentacle Press, 13; Courtesy of UC Berkeley, 14; Courtesy of UC Berkeley, 17; North Wind/ North Wind Picture Archives, 18; Library of Congress Prints and Photographs Division, 20; © 2012 Pentacle Press, 23; North Wind/North Wind Picture Archives, 26; File:FlorentineCodex BK12 F54 smallpox.jpg/Wikimedia Commons, 29; © 1994 Betty Saletta, 30; File:Flag of Mexico.svg/ Wikimedia Commons, 31; © 2012 Pentacle Press, 32; Library of Congress Prints and Photographs Division, 33; Richard Cummins/ Lonely Planet Images/Getty Images, 34; Mariusz S. Jurgielewicz/Shutterstock.com, 41.

Printed in the United States of America

# Contenido

La Misión de San José era parte de un sistema de misiones cuya influencia contribuyó a forjar la historia de California.

Mission Museum
OPEN DAILY
10 am to 5 pm

# 1
# Los españoles en América

## UNA DE LAS MISIONES MÁS EXITOSAS

Rodeada de colinas ondulantes, justo a las afueras de la ciudad de San
José, se encuentra una pequeña edificación blanca con techo marrón.
Numerosos escalones de ladrillo rojo conducen a la entrada del lugar:
una sencilla puerta con tres ventanas pequeñas en la parte superior.
Esta es la Misión de San José, la número catorce de las veintiuna
**misiones** españolas que se construyeron a lo largo de la costa de
California durante los siglos XVIII y XIX. La misión fue fundada en
1797 por fray Fermín Francisco Lausén, un fraile español. Conocida por
ser una de las más prósperas de la costa norte, floreció hasta 1832. El
relato de cómo se formó es interesante y está repleto de logros, luchas
y dificultades.

## LA ERA DE LOS EXPLORADORES

En 1492, Cristóbal Colón, un explorador italiano que navegó para
la Corona de España, trató de hallar una ruta más rápida desde
Europa a Asia, pero en su lugar encontró lo que se llamaría el *Nuevo
Mundo* (América del Norte, América del Sur y América Central), que
**reivindicó** para España. Su regreso a España hizo que muchos otros
siguieran sus pasos. Hombres como Hernán Cortés, Juan Rodríguez
Cabrillo y Sebastián Vizcaíno hicieron descubrimientos importantes

en el Nuevo Mundo en las siguientes décadas, lo que expandió el Imperio español al otro lado de los mares.

En 1519, Hernán Cortés y sus hombres navegaron a América del Sur y encontraron el poderoso y rico Imperio azteca, que conquistaron en 1521, y cuyas tierras ganaron para la Corona española. Más adelante, en 1542, el explorador Juan Rodríguez Cabrillo partió para rastrear la costa oeste de California con la esperanza de hallar una vía que conectara el océano Pacífico con el Atlántico, pero nunca encontró una ruta por mar, y tristemente falleció en este extraordinario viaje. Sin embargo, Cabrillo es conocido como uno de los primeros exploradores españoles de California, quien reclamó para España una porción importante de lo que es en la actualidad este estado. Lo que era California en ese momento constaba de lo que se denomina hoy *estado de California* y *Baja Península de México*. Se dividía en dos partes: *Alta* California y *Baja* California.

Otro explorador español, Sebastián Vizcaíno, emprendió en 1602 el mismo viaje que había hecho Cabrillo. Fue entonces cuando encontró nativos, pero no tesoros, como los hallados por Cortés en 1519. Como consecuencia, el Gobierno español decidió suspender la exploración en esa zona. Tuvieron que transcurrir 160 años para que los exploradores españoles regresaran a **Alta California**, esta vez destinados a fundar misiones que controlarían las tierras y convertirían a los nativos al cristianismo, enseñándoles el modo de vivir de los españoles.

# 2
# Los *ohlone*

## EL ENCUENTRO CON LOS INDÍGENAS

Cuando los exploradores españoles llegaron al oeste del Nuevo Mundo, se encontraron con muchas tribus o grupos diferentes de nativos. Los *ohlone* fueron los más dominantes, los de mayor diversidad y los más cercanos a la Misión de San José.

La tribu *ohlone* habitaba en aldeas separadas de otros grupos. Hablaban diferentes lenguas y dialectos y no tenían escritura. La mayoría de sus aldeas se encontraban alrededor de la bahía de San Francisco, y antes de la llegada de los españoles, habitaban allí relativamente en paz. Fue un grupo generoso y curioso de personas que disfrutaban fabricando herramientas con recursos de su entorno. Hacían de todo, desde arcos y flechas hasta cestas y botes e, incluso, instrumentos musicales.

**Los *ohlone* tejían cestas excepcionales que podían usarse para acarrear alimentos y agua.**

Vivían en aldeas dirigidas por líderes llamados *jefes* y curanderos llamados *chamanes*.

# CAZADORES Y RECOLECTORES

Los *ohlone* eran cazadores y recolectores y dependían de los animales y plantas que se hallaban en los alrededores. Los hombres eran cazadores diestros y se sentían orgullosos de los arcos y de las flechas que hacían a mano. Todas las armas y herramientas se realizaban con madera, piedras y huesos de animales. Los hombres cazaban venados, antílopes, patos y gansos, mientras que las mujeres recolectaban bayas, raíces y mariscos del océano Pacífico.

De todos los recursos naturales que utilizaban, dependían principalmente de las bellotas. Usaban todos los tipos diferentes de bellotas que crecían en la zona, puesto que eran fáciles de recolectar, almacenar y comer cuando se preparaban correctamente. A menudo, las mujeres, que se encargaban fundamentalmente de la cocina, hacían harina de bellota para elaborar pan y *atole*.

# FORMA DE VIDA

Los *ohlone* vivían en aldeas que tenían desde cincuenta a varios cientos de miembros. En todas había una casa de reuniones y un temescal. La *casa de reuniones* estaba construida con **tule**, o cañas tejidas firmemente, y se utilizaba para grandes reuniones; podía albergar a la población de toda la aldea. Las casas individuales también estaban hechas de tule. Si al pasar el tiempo una de estas se infestaba de alguna plaga o se ensuciaba, sus ocupantes la quemaban hasta reducirla a cenizas y construían otra en su lugar. El *temescal* era una choza pequeña donde los nativos limpiaban sus cuerpos mediante la transpiración. Realizaban este ritual por diversas razones; por ejemplo, para curar una enfermedad, sanar una afección de la piel o prepararse para ir a cazar.

Los *ohlone* fabricaban sus propias herramientas aprovechando los recursos de su entorno, como este mortero.

Cada aldea estaba liderada por un *jefe*, uno de los miembros más acaudalado de la tribu, que compartía sus riquezas con todos aquellos que lo necesitaran. Era responsabilidad del jefe asegurarse de brindar a los visitantes alimentos y un lugar donde quedarse.

## VESTIMENTA

La vestimenta de los *ohlone* dependía de la estación del año. En los meses cálidos, los hombres iban desnudos y las mujeres vestían faldas hechas de paja y caña, mientras que en otoño e invierno, usaban pieles de animales para abrigarse.

## CREENCIAS Y PRÁCTICAS RELIGIOSAS

Los *ohlone* creían en el un equilibrio entre los humanos y la naturaleza, y que ciertos animales, en especial las aves de gran tamaño como las águilas, eran sagrados y no debían lastimarse ni comerse. El principal líder religioso se llamaba **chamán**, que podía ser hombre o mujer y que se encargaba de los asuntos religiosos. La tribu asumía que el chamán podía controlar el clima y sanar a los enfermos.

## VIDA EN FAMILIA

Las tribus *ohlone* cuidaban a sus miembros con esmero. No solo las madres y los padres criaban a sus hijos, sino que también lo hacían el resto de familiares. Los miembros mayores de la tribu eran tratados con gran respeto y los jóvenes los escuchaban detenidamente. Por lo general, los días en la aldea transcurrían recolectando, cazando y preparando alimentos. Los niños y los adultos tenían mucho tiempo libre para jugar.

En sus aldeas los *ohlone* vivían como querían, sin un horario estricto. Hacían lo que necesitaban para sobrevivir y pasaban su tiempo libre

**A principios del siglo XIX, los comerciantes rusos visitaron California. Louis Choris, un artista que se encontraba con ellos, realizó estos bosquejos de los nativos que allí habitaban.**

disfrutando la vida. Su naturaleza, curiosa y trabajadora, probablemente facilitó a los misioneros españoles entrar en sus vidas a finales del siglo XVIII.

Los *ohlone* no sabían que su forma de vivir y su cultura cambiarían para siempre con la llegada de los españoles.

# 3
# El sistema de misiones

## LOS ESPAÑOLES AMPLÍAN SU INFLUENCIA

En el año 1797, cuando se fundó la Misión de San José, ya se habían establecido otras trece misiones en Alta California. Cada una estaba dirigida por misioneros españoles o **frailes**. Con el tiempo las misiones se convirtieron progresivamente en poderosas comunidades.

## ¿POR QUÉ SE ESTABLECIERON MISIONES?

Cuando los españoles retomaron los viajes al Nuevo Mundo a mediados del siglo XVIII, no estaban buscando oro ni objetos especiales. Querían reivindicar más tierras para el creciente Imperio español y convertir a los nativos en cristianos para que finalmente se hicieran súbditos de España. No entendían la manera de vivir de los nativos y consideraban que solo podían estar bien si vivían como los españoles. Las misiones, o comunidades religiosas, se constituyeron en Baja California y Alta California. Albergarían a los nativos, y los frailes les hablarían del dios de los cristianos, además de enseñarles a cultivar la tierra, a cuidar ganado y a hablar español.

Cuando los nativos se convertían, eran bautizados o sumergidos en agua como símbolo de su creencia en el dios del cristianismo. Después, se les consideraban *neófitos* o nuevos conversos.

# LAS MISIONES EN ALTA CALIFORNIA

El inicio de las misiones se debe a que el Gobierno español quería explorar y asegurar más tierras en Alta California antes de que otros países, como Rusia y Gran Bretaña, pudieran reclamar esa zona. La idea fue establecer una cadena de misiones a lo largo de la costa oeste que estuviesen conectadas por una vía, *El Camino Real*. Algunos ejércitos acompañaron a los misioneros para ayudar a protegerlos contra cualquier ataque, así como para establecer sus propios fuertes militares, llamados *presidios*. Otros que no eran misioneros, sino pobladores, también viajaban con estos grupos para constituir pueblos.

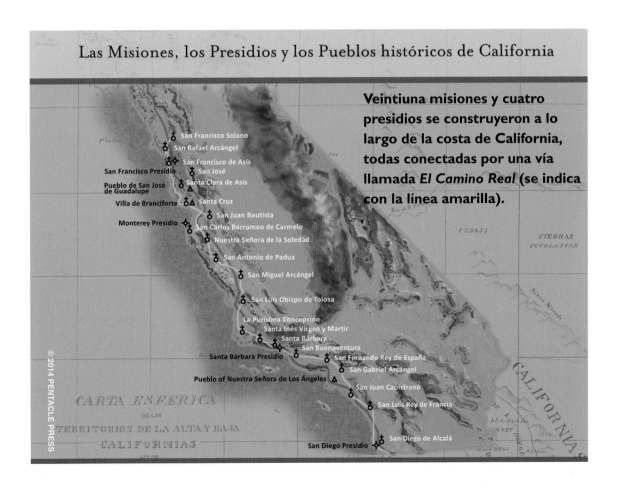

Las Misiones, los Presidios y los Pueblos históricos de California

**Veintiuna misiones y cuatro presidios se construyeron a lo largo de la costa de California, todas conectadas por una vía llamada *El Camino Real* (se indica con la línea amarilla).**

San Francisco Solano
San Rafael Arcángel
San Francisco de Asís
San Francisco Presidio
San José
Pueblo de San José de Guadalupe
Santa Clara de Asís
Villa de Branciforte
Santa Cruz
San Juan Bautista
Monterey Presidio
San Carlos Borromeo de Carmelo
Nuestra Señora de la Soledad
San Antonio de Padua
San Miguel Arcángel
San Luis Obispo de Tolosa
La Purísima Concepción
Santa Inés Virgen y Mártir
Santa Bárbara
San Buenaventura
Santa Bárbara Presidio
San Fernando Rey de España
San Gabriel Arcángel
Pueblo of Nuestra Señora de Los Ángeles
San Juan Capistrano
San Luis Rey de Francia
San Diego de Alcalá
San Diego Presidio

# LA ECONOMÍA DE LAS MISIONES

Cada misión desarrollaba su economía, de modo que las personas que formaban parte del sistema de misiones fuesen **autosuficientes**. A medida que aumentaba el número de individuos que venían a vivir y a trabajar a una misión, su economía se fortalecía y crecía. Los españoles pensaron que después de diez años, las misiones debían **secularizarse** para dejar de ser instituciones religiosas y convertirse en civiles.

La intención era entregar las tierras a los neófitos, quienes ya eran ciudadanos españoles que pagaban impuestos, para que las atendieran; sin embargo, esto no ocurrió como lo habían planeado. El Gobierno español perdió el control de las tierras después de 1821, cuando México obtuvo su independencia, y las tierras de Alta California pasaron a estar bajo el dominio de México.

**La Misión de San José fue la decimocuarta fundada en Alta California.**

# 4
# Fundación de la Misión de San José

## ACERCANDO LAS MISIONES A LOS NATIVOS

Cuando se fundó la Misión de San José en 1797, las de Alta California ya estaban bien establecidas. La primera fue San Diego de Alcalá, en 1769, alcanzando un total de trece antes de constituirse la Misión de San José. Su fundador fue fray Fermín Francisco Lasuén, quien había asumido la dirección de todas las misiones en 1784, después del fallecimiento del primer líder, fray Junípero Serra, el hombre que creó la cadena de misiones. En 1795, fray Lasuén planteó que las nuevas misiones debían ubicarse más cerca de las tribus nativas de la zona. La aldea donde se construiría la Misión de San José era Orisom, un lugar donde habitaban muchas tribus *ohlone*. Orisom tenía algunas zonas rocosas y una tierra fértil para cultivar; además, estaba cerca de una fuente de agua, Alameda Creek, lo que hizo que la aldea fuese un lugar adecuado para que los frailes se asentaran y empezaran a predicar.

## FRAY ISIDRO BARCENILLA Y AGUSTÍN MERINO

Fray Lasuén fue el fundador oficial de la Misión de San José, es decir, se creó mientras él era el presidente. Los primeros frailes que dirigieron la misión fueron fray Isidro Barcenilla y Agustín Merino. Ambos se acababan de graduar en el Colegio San Fernando de México, ubicado en Nueva España (actual México). Trataron enérgicamente de llegar a los nativos y trabajaron juntos para que los *ohlone* se convirtieran al cristianismo.

## LA MISIÓN DE SAN JOSÉ

La Misión de San José fue fundada el 11 de junio de 1797, trece años después de la muerte de fray Serra, pero su memoria perduró mientras las misiones continuaron construyéndose a lo largo de la costa de Alta California. Fray Fermín Lasuén le puso el nombre de San José por el esposo de María, la madre de Jesús. Para dar la bienvenida a la nueva comunidad, se celebró un breve servicio religioso, llamado *misa*, y se llevó a cabo la inauguración.

En las siguientes cuarenta y ocho horas del servicio de inauguración, se construyeron *refugios*. Los soldados de San Francisco y los neófitos de la Misión de Santa Clara de Asís hicieron la mayor parte del trabajo. Poco tiempo después, la Misión de Santa Clara de Asís y la Misión de San Francisco de Asís enviaron provisiones y ganado para contribuir a la puesta en marcha de la Misión de San José. Los trabajadores construyeron casas para los curas y neófitos y una capilla provisional. La capilla oficial no se inauguró hasta 1809.

## LA MISIÓN Y LOS OHLONE

Cuando los españoles llegaron, los *ohlone* que habitaban en las cercanías eran curiosos, pero no vieron con beneplácito la idea de la misión o lo que querían enseñarles los frailes. Los *ohlone* tenían creencias religiosas firmes y valoraban la familia y la naturaleza. Afirmaban que existía un creador y que todos los seres vivos, como los animales, las plantas y la tierra misma, tenían espíritu. La idea del cristianismo y de que la tierra podía tener dueño fue un concepto difícil de asimilar para ellos. Los misioneros no cedieron en su intento

**Los nativos americanos habían vivido en California miles de años antes de que llegaran los pobladores europeos.**

de transmitir su mensaje, pese a la dificultad de que cada tribu *ohlone* hablaba un idioma diferente. Los frailes no podían entender a los *ohlone*, quienes, a su vez, no comprendían a los frailes. En su primer año, solo treinta y tres de ellos se unieron a la Misión de San José. Este número fue bajo, pero cercano al promedio que cualquier misión tenía en sus primeros días. El número creció cuando los frailes les ofrecieron ropas, mantas y alimentos. Pronto, algunos fueron bautizados y comenzaron existencia en la misión, pero no siempre estaban felices.

Se enseñó a los neófitos que debían vivir en la misión y solo ocasionalmente se les permitía visitar sus antiguas aldeas. A medida que pasaba el tiempo, los misioneros hacían casi imposible que los nativos regresaran a sus tribus. Los niños nacidos en la misión crecieron aprendiendo de los frailes y de sus padres, pero, con el tiempo, la manera de vivir de los nativos se olvidó casi por completo. Los frailes pensaron que lo hacían por su bien, pero a algunos no les gustaba esta regla o cualquiera de las que les habían impuesto en la misión. Por eso, en secreto, practicaban sus propias creencias y planificaban su fuga.

**En la misión, los frailes enseñaron a los neófitos a ser más como los españoles en su manera de hablar, en lo que comían, en como vestían y en sus creencias y prácticas religiosas.**

# 5
# Los primeros días de la misión

## COMIENZO DE LA CONSTRUCCIÓN

A finales de julio de 1797, se construyeron diversas estructuras provisionales, lo que incluyó las dependencias para los frailes y los neófitos, un cuartel, un almacén, una edificación en la cual vivían los soldados y una área cercada para el ganado. Pronto se inició la construcción de las edificaciones permanentes y fue entonces cuando los misioneros decidieron que la misión se construiría en forma de **rectángulo** en vez del tradicional **cuadrángulo** o **patio interior.** La primera estructura que se erigió fue la iglesia: una sencilla edificación con solo tres ventanas. El techo tenía 24 pies (7.3 metros) de alto y las paredes tenían 4 pies (1.2 metros) de espesor. La iglesia contaba con un campanario que superaba la altura del techo de la edificación. Posteriormente, los misioneros decidieron disminuir la altura de la torre para que coincidiera con la del ático de la iglesia, como era en muchas otras misiones. En 1809, se finalizó la iglesia permanente de San José. Para 1810, se habían construido sesenta *rancherías*, o ranchos, para los neófitos. Debido a que la población de la misión creció en los siguientes quince años, se construyeron nuevas rancherías.

En 1827, se terminó de construir toda la misión. Entre las edificaciones levantadas se encontraban un cuartel, una casa de huéspedes y un monjerío. También se incluyó una *fábrica de jabón* y

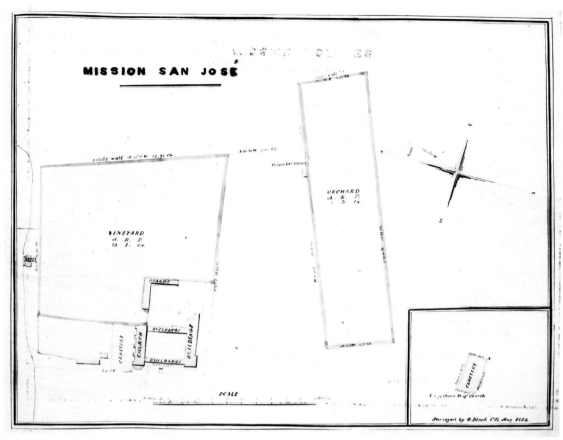

**Este plano del terreno de la misión fue creado en 1854 y muestra con detalle cómo era la misión en ese momento.,**

una *curtiduría*. Detrás de la misión había un *acueducto* o sistema de agua, y en el frente, una fuente, con una *lavandería* o pila inmensa que se usaba para lavar la ropa y bañarse.

# CULTIVOS Y ANIMALES

Durante los años de existencia de la Misión de San José, se sembraron muchos cultivos y se criaron diferentes tipos de animales. Los principales cultivos eran cebada, maíz, frijoles y otros vegetales, y con frecuencia las cantidades superaban con creces las de otras misiones. Otros recursos importantes fueron los huertos de árboles. Debido a que la misión se edificó en un terreno accidentado con suelos fértiles, se cultivaban y cuidaban olivares, frutales y viñedos. Esto significó que los misioneros y los neófitos podían producir su propio vino y grandes cantidades de alimentos que empleaban como base las aceitunas y las frutas.

Los animales también eran importantes para la misión. Con los años los misioneros y neófitos criaron manadas de ganado vacuno, cabras y caballos. Los registros muestran que la cantidad de ganado que la Misión de San José tenía superaba en un 25% la de todas las misiones.

## OTRAS TRIBUS EN SAN JOSÉ

La de los *ohlone* no era la única tribu nativa que vivía en la Misión de San José. Aunque constituían la gran mayoría de la población de neófitos, porque vivían muy cerca, con el tiempo otros grupos nativos de las tribus *miwok*, *patwin* y *yokut* del norte del valle fueron también llevados a la misión.

## DIRIGENCIA DE LA MISIÓN

Fray Barcenilla y fray Merino dirigieron la misión desde 1797 hasta 1806. Ambos tenían muchas ansias por predicar, aunque cada uno empleaba técnicas que funcionaban de manera diferente para ayudar a los nativos. Fray Barcenilla asumió los asuntos espirituales, como las misas y los sermones, mientras que fray Merino ayudaba en el desarrollo de los cultivos. Ambos eran trabajos duros.

En 1806, fray Barcenilla se fue de la misión, y tomaron el mando dos nuevos frailes, fray Buenaventura Fortuni y fray Narciso Durán. Ambos eran hombres enérgicos, talentosos y cultos. Juntos trabajaron en la Misión de San José durante veintisiete años y vivieron algunos de los mejores y peores momentos. Enseñaron a los nativos muchos oficios, desde tejer y realizar trabajos de herrería hasta la fabricación de muebles y calzado, y a las mujeres a lavar ropa, coser y cocinar. Fray Durán también inició a los nativos en la música española. Era conocido como un músico con dotes naturales que transmitía su entusiasmo a los nativos. Fray Durán formó un coro para la iglesia y una orquesta que ensayaba en el patio interior del rectángulo. Enseñó a los neófitos a leer música, cantar en armonía y tocar instrumentos. Al principio, los neófitos construyeron de manera creativa sus propios instrumentos musicales, como lo habían hecho en sus aldeas de origen, pero, posteriormente, Nueva España suministró a la misión violines, flautas y otros instrumentos.

## LOS PRIMEROS AÑOS BAJO EL NUEVO LIDERAZGO

Los primeros años de liderazgo de los frailes Fortuni y Durán no fueron fáciles. En 1806, una epidemia de viruela y sarampión azotó a los neófitos de la Misión de San José. Debido a que muchos de ellos no habían desarrollado inmunidad a las enfermedades que habían traído los españoles, murieron más de 150 nativos. Esta pérdida de vidas fue devastadora no solo para los neófitos que sobrevivieron, sino también para los misioneros que habían luchado para convertirlos. La epidemia se extendió más allá de estos nativos y afectó a las tribus *ohlone* que habitaban en la cercanía.

# 6
# La vida diaria en la Misión de San José

## LA VIDA DIARIA DE LOS NATIVOS

La vida diaria en la Misión de San José y en las otras misiones de Alta California no variaba mucho, excepto en las festividades. Esto supuso un cambio importante para los nativos que vivían allí, puesto que estaban acostumbrados a seguir sus propias normas y tradiciones en sus aldeas.

A diario, el horario era estricto y las actividades solían estar

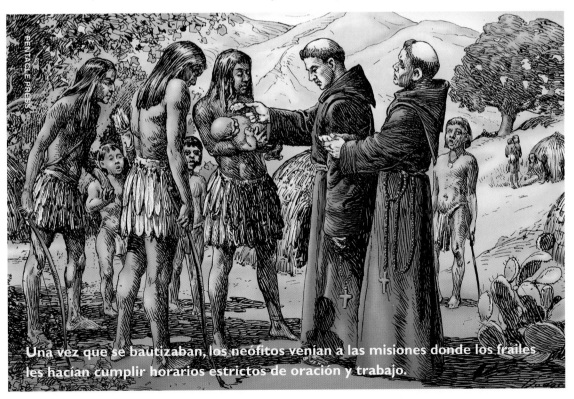

Una vez que se bautizaban, los neófitos venían a las misiones donde los frailes les hacían cumplir horarios estrictos de oración y trabajo.

marcadas por el repique de las campanas. Todas las misiones tenían, como mínimo, dos campanas. Eran importantes para todo aquel que vivía y trabajaba allí, por cuanto marcaban las horas importantes del día: la primera indicaba la hora para orar, y las siguientes eran para trabajar, comer y descansar.

Un día típico comenzaba poco después del amanecer, cuando los habitantes de la misión iban a la iglesia a rezar. Una hora más tarde, sonaba la campana del desayuno. Por lo general, era una fuente grande de *atole,* una crema de maíz, y a las siete de la mañana, comenzaba el día de trabajo.

Normalmente, los neófitos y los soldados trabajaban en los campos o construían estructuras alrededor de la misión, mientras que las mujeres hacían las labores domésticas, como cocinar y tejer. Antes de que las mujeres indígenas llegaran a la Misión de San José, ellas y sus ancestros habían hecho cestas tejidas con plantas y sus ropas de pieles y plumas. No obstante, los españoles les mostraron los telares, la rueca y materiales como el algodón y la lana, con los cuales aprendieron a tejer mantas y ropa. Los niños ayudaban en lo que podían y con frecuencia pasaban buena parte del día aprendiendo español y estudiando la doctrina católica.

El primer receso era al mediodía, cuando todos comían su almuerzo, que generalmente era una comida a base de maíz con una porción de carne y vegetales. Después, tomaban una *siesta,* y regresaban a trabajar a las dos de la tarde. Tres horas más tarde, los misioneros oraban y practicaban devociones, daban lecciones y leían la Biblia. A las seis de la tarde, sonaba la campana de la cena y el resto de la noche era tiempo libre, lo que incluía bailar, jugar o relajarse. La campana que indicaba la hora de ir a dormir sonaba a las ocho de la tarde para las mujeres y a las nueve para los hombres.

# LA VIDA DIARIA DE LOS FRAILES

Habitualmente, los frailes pasaban sus días entre las oraciones y las ocupaciones de la misión. Se encargaban de los cultivos, las construcciones y de otros temas, como las finanzas, y se aseguraban de que el ganado estuviese bien. Sin embargo, la responsabilidad de mayor envergadura que tenían era educar a los neófitos en su nueva religión. Les enseñaron oraciones y canciones para rendir culto a Dios y también guiaban a los jóvenes en sus estudios religiosos todas las mañanas y tardes mientras los adultos trabajaban.

Aunque los misioneros nunca obtuvieron beneficios económicos del trabajo de los nativos, tenían que asegurarse de que los neófitos aprendieran un oficio del cual la misión obtuviera dinero. Cuantos más neófitos pudieran producir, más negocios tenía la misión. Debido a que el dinero era fundamental para mantenerla, era importante que los neófitos siguieran trabajando y viviendo allí. No obstante, muchos de ellos perdían a sus familias y el modo de vida que habían tenido, por lo que trataban de escapar. Los frailes se encargaban de disciplinar a aquellos que no realizaran sus trabajos o trataran de huir a sus aldeas. Los soldados ayudaban encontrando a los fugados. Solían castigar a los que huían. En ocasiones, otros neófitos se unían a la búsqueda de aquellos que habían escapado.

A los neófitos que trabajaban duro para complacer a los misioneros no les hacían daño, pero los que se escapaban tenían que soportar palizas e incluso prisión y encadenamiento con grilletes.

En la Misión de San José, las mujeres aprendían tareas como tejer y cocinar, mientras que los hombres se formaban en ganadería, construcción y agricultura.

# MÁS TRABAJO PARA LOS NEÓFITOS

Los neófitos realizaban una serie de tareas que permitían el funcionamiento de la misión. Aprendieron a tejer, a trabajar la tierra para los cultivos y animales, a sembrar y cultivar jardines, a curtir pieles y a hacer herramientas. La cría de ganado fue también importante para la supervivencia. La carne de los animales se utilizaba como alimento, mientras que las pieles se usaban para cubrir los bastidores de las camas y los asientos de las sillas. Algunas se convertían en baldes o se clavaban a los marcos para hacer puertas. Las pieles eran valiosas y las misiones las cambiaban por otros artículos que necesitaban.

A medida que pasaban los años, el crecimiento de la población de la misión disminuyó debido a las enfermedades y las condiciones generales de vida. Se asignó a muchos neófitos la tarea de reclutar a otros para que se unieran al sistema de misiones; para ello eran enviados a sus antiguas aldeas y a otras tribus que estaban a millas de distancia con las órdenes de regresar con nuevos neófitos. A menudo, los reclutas eran traídos contra su voluntad.

# 7
# Problemas y dificultades

## TIEMPOS DIFÍCILES

Las misiones de Alta California ofrecían a los nativos alimento, cobijo, educación formal y protección contra los pobladores y comerciantes, que no siempre los trataban con respeto ni amabilidad. Sin embargo, el estilo de vida era muy diferente al que estaban acostumbrados. Cuando los misioneros llegaron por primera vez, las tribus no pudieron prever que perderían su libertad, que serían obligados a abandonar su manera de vivir ni que se les mantendría dentro de las misiones contra su voluntad.

Aunque muchos intentaron huir, otros permanecieron en las misiones por voluntad propia. Algunos disfrutaban de buenas relaciones con los frailes, quienes querían proteger y enseñar a los nativos sin lastimarlos. A pesar de sus buenas intenciones, los frailes no entendieron que los neófitos merecían vivir como lo habían hecho siempre y que su cultura era tan valiosa como la española, lo que derivó en situaciones incómodas y algunas veces terribles. Cada vez que alguien escapaba, había castigo. Por ello, con el tiempo muchos nativos se sintieron infelices, dejaron de creer en lo que les habían enseñado y quisieron marcharse.

# ENFERMEDAD Y REDUCCIÓN DE LA POBLACIÓN

El principal problema en la Misión de San José, y en cualquier otra de Alta California, era la amenaza de las enfermedades para los indígenas californianos. Cuando llegaron los españoles desde Europa, trajeron sarampión, viruela, neumonía y paperas, dolencias a las que los nativos nunca habían estado expuestos, por lo que sus sistemas inmunológicos no estaban preparados para combatirlas, y fallecieron a miles. De hecho, debido a estas enfermedades, la población de nativos de California se redujo drásticamente en este período de la historia.

En 1805, los soldados españoles trajeron, sin saberlo, sarampión y viruela a la Misión de San José, y para 1810, la población de la misión había descendido de 800 a 545. Cientos de tribus de California se vieron afectadas por el aumento repentino de las enfermedades, lo que hizo que muchos de los nativos huyeran de una posible muerte.

# EL LEVANTAMIENTO DE SAN JOSÉ

Esta insatisfacción y las dificultades descritas pudieron desencadenar el levantamiento más famoso de la misión, que tuvo lugar entre 1828 y 1829. Estanislao, un neófito respetado y popular que había crecido bajo el sistema de misiones, lideró la **revuelta**.

Nacido entre los *yokuts* en el Valle de San Joaquín de California hacia 1800, Estanislao había vivido en la misión desde temprana edad. Era apreciado por sus iguales y por los frailes y se le concedió la función de *alcalde,* que era la figura de jefe administrativo y judicial de un pueblo o aldea en España o en áreas bajo el dominio o influencia de España. Era el rango más alto que un neófito podía ostentar en la misión. Estanislao demostró gran liderazgo y se le otorgó autoridad limitada sobre los otros neófitos.

Aunque se desconoce la razón exacta que llevó a las acciones de Estanislao, los hechos clave son evidentes. En 1828, fray Durán, máximo responsable de la misión en ese momento, dio permiso a Estanislao para visitar a su gente, que vivía tierra adentro, en el Valle de San Joaquín. En lugar de regresar después de la visita, Estanislao envió un mensaje a San José diciendo que no regresaría. Se había cansado de la vida en la misión y de la estructura que le habían impuesto. Reunió fuerzas de nativos que no pertenecían a las misiones, de algunos neófitos de la Misión de San José y de otras misiones del norte de California y de las que acampaban al este de la bahía de San Francisco. Planificaron atacar y apoderarse de la misión para devolvérsela a los nativos. Durante varios meses, el

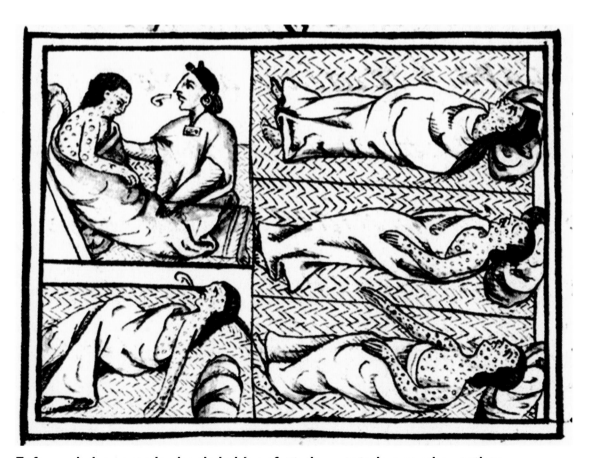

**Enfermedades como la viruela habían afectado y matado a muchos nativos.**

**Estanislao fue el líder de un levantamiento en San José.**

grupo se preparó para la batalla, pero en ese tiempo, también los soldados de los alrededores de San José incitaron a los pobladores de la zona a encontrar y capturar a Estanislao. Trataron de hacerlo en dos ocasiones y en ambas fallaron.

Finalmente, en mayo de 1829, el Gobierno mexicano envío a un joven teniente llamado Mariano Vallejo y a casi todas las tropas del norte de California para capturar a Estanislao y a sus hombres, muchos de los cuales murieron en la batalla que emprendieron. Sin embargo, Estanislao escapó y regresó a la Misión de San José pidiendo perdón. Muchos soldados y otras personas quisieron verlo muerto, pero fray Durán convenció al gobernador que lo perdonara, permaneciendo en la misión hasta su muerte por viruela en 1832.

Esta revuelta resultó ser la peor desde el levantamiento de 1824 en las misiones Santa Inés, La Purísima y Santa Bárbara. Durante estos acontecimientos, una población significativa de neófitos de la tribu *chumash* tomó el control de las misiones y quemó muchas de las edificaciones; finalmente, los convencieron para regresar a las misiones una vez más como neófitos. Estos hechos demostraron que los nativos estaban cada vez más insatisfechos con el sistema de misiones. Algo había que hacer para restaurar la paz.

# 8
# Secularización

## TIEMPOS DE CAMBIO

En los albores de 1820, la Misión de San José tenía una de las economías más sólidas de todas las misiones. Era autosuficiente, producía bastantes productos para comerciar con el mundo exterior y cultivaba los alimentos necesarios para dar de comer a todos los que allí habitaban.

Ese año España perdió la guerra de la Independencia de México, y Alta California entró a formar parte de México. Esto tuvo un efecto perjudicial en el sistema de misiones de California. En 1833, el Gobierno mexicano aprobó una, ley llamada *Ley de Secularización*, que significó quitar a la iglesia católica el control financiero de las misiones. Por ello, muchos frailes franciscanos fueron destituidos

**México se convirtió en nación en 1821 y tomó el control de las tierras de las misiones.**

y enviados de vuelta a España, siendo reemplazados por curas mexicanos con maneras diferentes de manejar las misiones: por un lado, no se usarían más para convertir a los indígenas de California al cristianismo; por otro, los neófitos que allí vivían serían libres y podrían marcharse.

Los neófitos tuvieron sentimientos encontrados sobre su recién recuperada libertad. Algunos tenían muchas ganas de abandonar tan estrictos horarios, mientras que otros no sabían qué les depararía el futuro sin el apoyo de las misiones. La secularización los obligó a hacer un cambio: algunos nativos americanos conversos regresaron a sus aldeas o fueron a trabajar a los ranchos, donde frecuentemente eran mal tratados o mal pagados; otros permanecieron en la misión secularizada porque no tenían a donde ir. Muchas de sus aldeas ya no existían y casi la totalidad de las destrezas, los idiomas y las tradiciones de sus ancestros se habían olvidado. Sin su propia cultura muchos indígenas de California no tenían medios para vivir en libertad mejor que cuando estaban en las misiones.

La intención que originalmente tenía México con la secularización fue devolver las tierras de las misiones a los nativos, pero no ocurrió así. En abril de 1832, José Figueroa fue designado gobernador del territorio de California. Poco después, Figueroa comenzó la secularización de las misiones. Nunca había pensado devolver las tierras ricas a los nativos de California, quienes las habían hecho su hogar hacía siglos, sino que

**Después de la secularización, muchos neófitos se fueron de la misión buscando otros lugares para vivir y ranchos y pueblos cercanos para trabajar.**

**La Misión de San José sufrió daños importantes por el terremoto de Hayward en 1868.**

las vendió con grandes ganancias, quedándose en muchas ocasiones con el ganado y otros activos.

## LA SECULARIZACIÓN DE LA MISIÓN DE SAN JOSÉ

La Misión de San José se secularizó en 1834. Poco después, muchos neófitos se fueron, y en los años siguientes las edificaciones fueron saqueadas y los ladrillos y las tejas llevados a las casas de los pobladores. En 1848, la misión se convirtió en una tienda y en un hotel para los buscadores de oro. En 1853, tres años después de que California se convirtiera en el estado número treinta y uno, la misión se transformó en la iglesia del pueblo recibiendo el nombre de Saint Joseph. Se mantuvo hasta 1868, año en el que el terremoto de Hayward causó grandes daños a sus edificaciones.

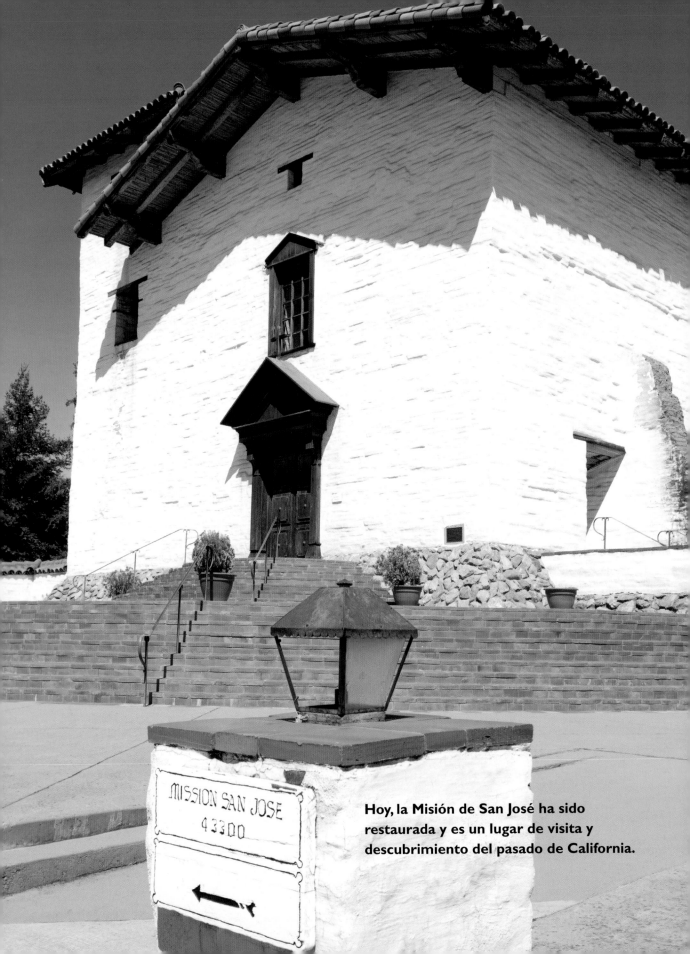

MISSION SAN JOSE
4 3 3 0 0

Hoy, la Misión de San José ha sido restaurada y es un lugar de visita y descubrimiento del pasado de California.

# 9
# La misión en la actualidad

## UNA VISITA A LA ACTUAL MISIÓN DE SAN JOSÉ

Las personas que visiten actualmente la Misión de San José podrán admirar las paredes blancas de adobe y el techo de tejas rojo intenso de la edificación. A principio de los años ochenta, la misión fue reconstruida en su totalidad, incluyendo una iglesia típica de las misiones de entonces, a partir de la base de la de adobe original.

## RECONSTRUCCIÓN DE LA MISIÓN

La primera estructura permanente de la iglesia, finalizada en 1809, fue destruida por el terremoto de Hayward de 1868, que afectó a muchas personas y edificaciones en toda el área de San José. Sin embargo, a diferencia de otras edificaciones de la región, la iglesia fue pronto reemplazada. Se construyó una de madera de estilo gótico sobre la antigua; pero no fue lo mismo, y mucho del encanto original se perdió con el nuevo diseño.

En 1973, comenzaron los planes para reproducir la iglesia original construida por los *ohlone*. En 1982, la iglesia de madera se movió a otro lugar para poder dar paso a on la reconstrucción de la de adobe que luciría como la auténtica. Tres años más tarde, se había terminado la reconstrucción de la Misión de San José. Los grupos que apoyaron la restauración, el Comité para la Restauración de la

Misión de San José y la Diócesis de Oakland, se encargaron de que en el proceso se utilizaran herramientas similares a las empleadas por los misioneros y los *ohlone*.

## LA MISIÓN HOY

En la actualidad, las habitaciones en las cuales dormían los misioneros son parte de un pequeño museo. La iglesia continúa realizando servicios en su santuario y es un miembro activo de la parroquia Saint Joseph. También se ofrecen visitas durante todo el año a muchos estudiantes y turistas que quieran conocer el pasado de la misión.

Las cuatro campanas que pendían de la iglesia original de adobe fueron enviadas a diferentes iglesias después del terremoto, pero tras la reconstrucción las mismas cuatro campanas regresaron para mostrarse en la torre recientemente restaurada.

Como las otras veinte misiones construidas a lo largo de la costa californiana, la Misión de San José desempeñó un papel fundamental en el desarrollo de California. Los españoles introdujeron la agricultura y la producción de vino, que son de vital importancia para la economía actual del estado. También fomentaron la construcción de nuevas ciudades y pueblos en toda California.

Los visitantes, o aquellos que lleguen a California por primera vez encontrarán nombres de españoles importantes en calles, ciudades, parques y escuelas, y la influencia de los nativos americanos. Estos lugares sirven para recordar a todos los que contribuyeron a hacer de California lo que es en la actualidad.

# 10
# Haz una maqueta de la misión

Para hacer tu propia maqueta de la misión de San José, necesitas:

- lámina de cartón pluma
- tijeras
- cartón
- cola blanca
- cinta adhesiva

- paletas de helado
- pintura (blanca y marrón)
- arena
- árboles y flores en miniaturas

## INSTRUCCIONES

**Se recomienda la supervisión de un adulto.**

**Paso 1**: Corta una pieza de cartón pluma de 21" × 10" (53.3 × 25.4 cm) para utilizar como base.

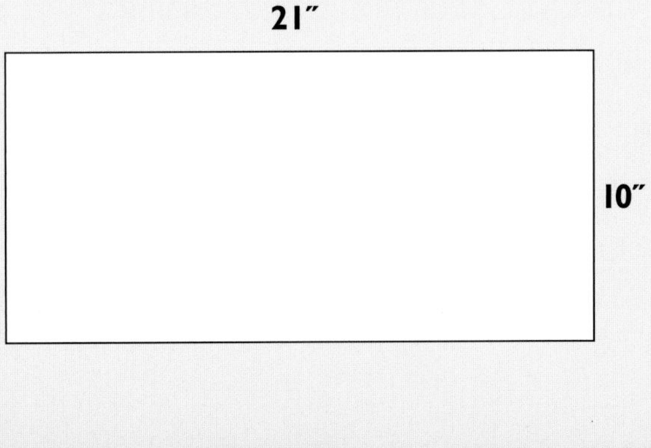

21˝

10˝

**Paso 2:** Para las paredes laterales de la iglesia, corta cuatro trozos de cartón que midan 6" × 8"(15.2 × 20.3 cm).

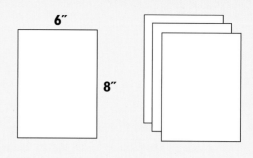

**Paso 3:** Escoge uno de los trozos de cartón para la pared delantera de la iglesia y corta una puerta y una ventana.

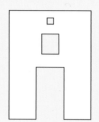

**Paso 4:** Une las paredes delantera, posterior y laterales de la iglesia con pegamento. Coloca cinta adhesiva en las esquinas internas y pega la iglesia a la base de cartón pluma.

**Paso 5:** Corta dos triángulos de cartón para las paredes de apoyo que se pondrán a uno de los laterales de la iglesia. Uno debería tener 6" (15.2 cm) de altura; el otro, 4" (10.2 cm).

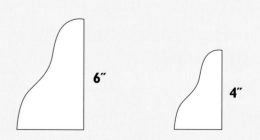

**Paso 6:** Pega las paredes de apoyo de forma que sobresalgan de una de las paredes laterales de la iglesia.

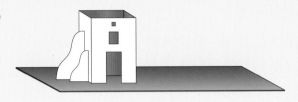

**Paso 7:** Corta un trozo de cartón para el techo de la iglesia que mida 8.5" × 7.5" (21.5 × 19 cm). Pliega longitudinalmente por la mitad de manera que el techo quede levantado. Corta otro trozo de cartón que mida 11.5" × 6" (29.2 × 15.2 cm) para el techo de las habitaciones de los frailes. Pliega longitudinalmente por la mitad.

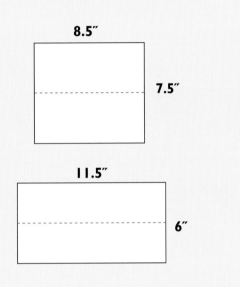

**Paso 8:** Pega el techo a la iglesia.

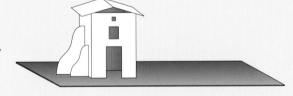

**Paso 9:** Para las dependencias de los misioneros, corta dos cartones largos que harán de cada una de las paredes, que midan 11" × 7" (27.9 × 17.8 cm). Corta un tercer trozo para la pared del fondo que mida 4.5" × 7" (11.4 × 17.8 cm).

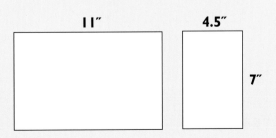

**Paso 10:** Corta cuatro ventanas pequeñas rectangulares en una de las paredes largas.

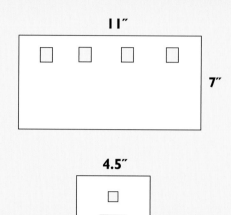

**Paso 11:** Corta una puerta en la pared pequeña del fondo y una ventana sobre ella.

**Paso 12:** Pega las tres paredes de las dependencias de los misioneros y une esta estructura al lateral de la iglesia que no tiene paredes de apoyo.

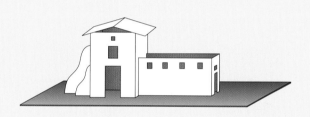

**Paso 13:** Pinta de marrón dos paletas de helado. Pártelas en trozos que pegarás a lo largo del borde superior de cada ventana y puerta.

**Paso 14:** Mezcla arena con pintura blanca. Pinta las paredes de la misión con esta mezcla.

**Paso 15:** Pega el techo de las dependencias de los frailes a la edificación. Pinta ambos techos de marrón.

**Paso 16:** Decora el terreno de la misión con árboles, piedras y flores.

**Maqueta terminada de la Misión de San José.**

# Fechas clave en la historia de las Misiones

| | |
|---|---|
| 1492 | Cristóbal Colón llega a las Indias Occidentales |
| 1542 | Expedición de Cabrillo a California |
| 1602 | Sebastián Vizcaíno navega hasta California |
| 1713 | Nace fray Junípero Serra |
| 1769 | Fundación de San Diego de Alcalá |
| 1770 | Fundación de San Carlos Borromeo del Río Carmelo |
| 1771 | Fundación de San Antonio de Padua y San Gabriel Arcángel |
| 1772 | Fundación de San Luis Obispo de Tolosa |
| 1775–76 | Fundación de San Juan Capistrano |
| 1776 | Fundación de San Francisco de Asís |
| 1776 | Se firma la Declaración de Independencia de Estados Unidos |

| | |
|---|---|
| 1777 | Fundación de Santa Clara de Asís |
| 1782 | Fundación de San Buenaventura |
| 1784 | Muere fray Serra |
| 1786 | Fundación de Santa Bárbara |
| 1787 | Fundación de La Purísima Concepción |
| 1791 | Fundación de Santa Cruz y Nuestra Señora de la Soledad |
| 1797 | Fundación de San José, San Juan Bautista, San Miguel Arcángel y San Fernando Rey de España |
| 1798 | Fundación de San Luis Rey de Francia |
| 1804 | Fundación de Santa Inés |
| 1817 | Fundación de San Rafael Arcángel |
| 1823 | Fundación de San Francisco Solano |
| 1833 | México aprueba la Ley de Secularización |
| 1848 | Se descubren yacimientos de oro en el norte de California |
| 1850 | California se convierte en el trigésimo primer estado |

# Glosario

**adobe.** Ladrillos hechos de paja y lodo, y algunas veces estiércol, que se secan al sol.

**Alta California.** Área donde los españoles establecieron misiones, conocida en la actualidad como el estado de California.

**autosuficiente.** Capaz de satisfacer sus propias necesidades sin ayuda de otro.

**chamán.** Curandero, que podía ser hombre o mujer, al que se supone dotado de poderes para sanar a los enfermos y controlar otros hechos en la vida de las personas.

**convertir.** Hacer que alguien cambie de creencias o religión.

**fraile.** Hermano de una orden religiosa comunitaria. Los frailes también pueden ser curas.

**misión.** Comunidad religiosa.

**misionero.** Persona que enseña su religión a otras que tienen creencias diferentes.

**neófito.** Nativo americano que se ha convertido a otra religión.

**patio interior.** Espacio cuadrado en el centro de una misión que está rodeado por cuatro edificaciones.

**reivindicar.** Hacer valer que algo le pertenece a uno por legítimo derecho; declarar que algo te pertenece o que lo mereces.

**revuelta.** Apartarse de un líder y luchar contra este.

**santuario.** Lugar sagrado, como una iglesia.

**secularizar.** Proceso mediante el cual se cambió el uso de las tierras de las misiones a uno no religioso.

**tule.** Cañas usadas por los nativos americanos para construir casas y botes.

# Guía de pronunciación

convento (kon-BEN-toh)

El Camino Real (EL kah-MEE-noh ray-AL)

fiesta (fee-EHS-tah)

fray (FRAY)

lavandería (lah-ban-deh-REE-ah)

monjerío (mohn-hay-REE-oh)

pueblo de indios (PWAY-blo de IN-dee-ohs)

ranchería (rahn-cheh-REE-ah)

rancho (RAHN-choh)

# Para mayor información

Para conocer más sobre las misiones de California, puedes consultar estos libros, videos y páginas web.

## LIBROS

Beebe, Rose Marie and Robert M. Senkewicz (trans.). *Testimonios: Early California Through the Eyes of Women, 1815–1848*. Berkley, CA: Heydey Books, 2006.

Gendell, Megan. *The Spanish Missions of California*. New York, NY: Scholastic, 2010.

Gibson, Karen Bush. *Native American History for Kids*. Chicago, IL: Chicago Review Press, 2010.

Kalman, Bobbie. *Life of the California Coast Nations*. New York, NY: Crabtree Publications, 2004.

White, Tekla. *San Francisco Bay Area Missions*. Minneapolis, MN: Lerner Publishing, 2008.

## VIDEOS

**"Missions of California: Father Junípero Serra"**
Producido por Chip Taylor Productions
Este video a color de once minutos de duración muestra fotografías de fray Serra, mapas detallados y hermosos escenarios de muchas de las misiones que fundó. Puedes encontrarlo en tu biblioteca local.

# SITIOS DE INTERNET

**Una visita virtual a las misiones de California**

www.missiontour.org/sanjose/history.htm

Comprende los hechos clave que ocurrieron en la Misión de San José siguiendo la cronología detallada de la historia de la misión.

**California Mission Internet Trail**

www.escusd.k12.ca.us/mission_trail/MissionTrail.html

Descubre un mapa del sistema de misiones e información breve y sencilla de los acontecimientos de cada misión.

**California Missions Resource Center**

www.missionscalifornia.com

Interactúa con la línea de tiempo, los vídeos y una galería de fotos de las misiones y descubre los acontecimientos clave de cada una de ellas dentro del sistema de misiones de California.

**Mission San José**

www.missionsanjose.org

Aprende la historia de la Misión de San José y cómo es en la actualidad.

**National Park Service – Ohlone and Coast Miwoks**

www.nps.gov/goga/historyculture/ohlones-and-coast-miwoks.htm

Lee la historia de los *ohlone*, cuáles eran sus creencias y cómo vivían antes de la llegada de los españoles.

# Índice

Los números de página en **negrita** son ilustraciones.